글 이상교

서울에서 태어나 강화에서 자랐습니다. 어려서나 자라서나 늘 놀기를 좋아했으며 열심히 놀았던 것이 작가가 되는 일에 한몫을 단단히 했습니다. 1973년 소년 잡지에 동시가 추천되었고, 1974년 조선일보 신춘문예에서 동화 부문에 입선하였고, 1977년 조선일보, 동아일보 신춘문예에서 동화 부문에 각각 입선 및 당선되었습니다. 동화집 《좁쌀영감 오병수》《빵집 새끼 고양이》, 동시집 《수박수박수》《까르르 깔깔》, 그림책 《도깨비와 범벅 장수》《연꽃 공주 미도》, 필사책 《마음이 예뻐지는 동시, 따라 쓰는 동시》 등 수많은 작품으로 어린이들을 만나 왔습니다. 2017년 IBBY 어너리스트에 동시집 《예쁘다고 말해 줘》가 선정되었고, 한국출판문화상, 박홍근아동문학상 등에 이어 2020년 《찰방찰방 밤을 건너》로 권정생문학상을 받았습니다. 2022년 아스트리드 린드그렌 추모 문학상 한국 후보로 선정되었습니다.

그림 김혜원

의상디자인을 공부한 뒤, 지금은 그림책을 만들고 그림을 그립니다. 따뜻한 정이 담긴 이야기를 그림으로 옮기는 일을 좋아하고, 특히 동식물 그리기를 좋아합니다. 그림책 《아기 북극곰의 외출》《정말 멋진 날이야》《고양이》를 지었고, 《찰방찰방 밤을 건너》《누가 올까?》《고양이 이름은 미영씨》《빨간 조끼 여우의 장신구 가게》《숲으로 가자》《무영이가 사라졌다》 등 여러 책에 그림을 그렸습니다.

마음이 자랄 때 꼭 필요한 말

토닥토닥 따듯한 말 따라 쓰는 힘센 말

이상교 지음 · 김혜원 그림

작가의 말

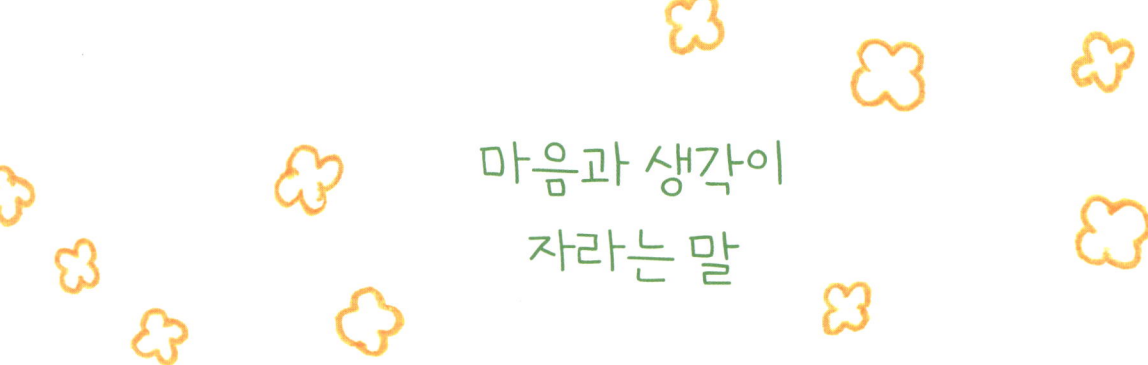

마음과 생각이
자라는 말

    나는 '나'를 말하고 싶어요. 나를 말하다 '남' 또는 '우리'를 말하고 싶지요. 혼자만이 아닌 여럿이 함께 살아가는 세상이어서예요.
    세상을 살아가려면 모두와 통할 여러 가지가 따릅니다. 그중에는 서로의 뜻을 주고받는 '말'이 있어요.
    우리 속담 가운데 "말 한마디로 천 냥 빚을 갚는다."라는 게 있어요. 주고받는 말의 소중함을 뜻하는 거지요.
    힘겨운 일로 지쳐 있거나 슬픔에 빠져 있을 때 누군가 다독여 주는 격려 한마디는 새 힘을 낼 수 있게 나를, 우리를 도와주어요. 반대로 내가 어려움에 빠진 다른 누군가에게 건네야 할 말이 있지요.
    나 자신을 돌아보아 내가 나에게 주어야 할 말, 친구에게 들려주는 용기와 배려의 말, 여럿의 생각을 모은 말, 말, 말……. 말은 응원과 격려와 사랑으로 피어나지요.
    생각은 마치 말의 씨앗 같아요. 용기를 잃은 친구에게 어떤 말을 어떻게

해 줄지 깊이 생각하게 만드는 씨앗 말이에요. 그런 씨앗들이 여기 담겨 있으니 잘 찾아서 마음에 담아 보세요.

  이 책을 읽는 동안, 마음에 들어오는 부분을 따라 써 보세요. 한두 줄도 괜찮고 색이나 밑줄로 표시한 부분만 따라 써도 좋아요. 뭐든 여러분 마음대로예요. 짤막하지만 손으로 꾹꾹 눌러 따라 쓰는 동안 여러분 가슴도 따듯함과 부드러움, 너그러움으로 가득하게 될 거예요. 그런 다음 사랑이 넘치는 큰 나무로 자라게 될 거예요.

  고맙습니다.

이상교

차 례

작가의 말 2

1부 나를 힘껏 사랑해 주는 말

움츠러들지 마 10
나는 소중해요 12
다 잘될 거야 14
나도 속상해요 16
나 좀 도와줄래? 18
울어도 돼 20
내 마음이 말해요 22
내가 할 수 있어요 24
나를 믿어요 26
그런 말은 하지 마 28

2부 친구를 배려하는 고운 말

괜찮아 · 32
네 생각은 어때? · 34
미안해 · 36
네 마음 이해해 · 38
나랑 같이 놀래? · 40
너에게 양보할게 · 42
기다려 줄게 · 44
연습하면 잘할 수 있어 · · · · · · · · · · · · · · · 46
많이 힘들지? · 48
이렇게 해 보면 어떨까? · · · · · · · · · · · · · · · 50

3부 모두에게 용기를 주는 힘센 말

포기하지 마 · 54
사랑해, 사랑해요 · · · · · · · · · · · · · · · · · 56
뿌듯한 마음이 생겼지? · · · · · · · · · · · · 58
내가 함께 있을게 · · · · · · · · · · · · · · · · · 60
실망하지 마 · 62
고마워 · 64
넌 멋진 사람이 될 거야 · · · · · · · · · · · · 66
넌 충분히 훌륭해 · · · · · · · · · · · · · · · · · 68
우리가 함께여서 행복해 · · · · · · · · · · · 70
나는 네 편이야 · · · · · · · · · · · · · · · · · · · 72

4부 생각이 싹트는 소중한 말

틀린 게 아니라 다른 거야 ········· 76
좋은 생각이야 ········· 78
다 같이 힘을 모아 보자 ········· 80
세상 모든 게 궁금해요 ········· 82
똑같이 나누니까 좋아요 ········· 84
다 잘할 수는 없어요 ········· 86
다른 방법을 찾아볼까? ········· 88
약속은 꼭 지키자 ········· 90
내 사랑을 나눠 줄게 ········· 92
세상은 공평해요 ········· 94

1부
나를 힘껏 사랑해 주는 말

움츠러들지 마

공부를 못해요.
얌전하지 않다고 야단도 듣지요.
그래도 움츠러들지는 말자고요.

나도 잘하는 게 있어요.
밥도 잘 먹고, 잘 놀고,
친구들과도 사이좋게 지내요.

오늘 나에게 이 말을 꼭 해 주고 싶어요.
"못하는 것보다 잘하는 게 훨씬 많으니까
움츠러들지 마. 정말 잘하고 있어!"

나는 소중해요

온 세상이 나에게 속삭여요.
"넌 소중해."

길가에 핀 꽃도,
하늘에 둥실 떠 있는 구름도
엄마도, 아빠도
날마다 내게 속삭여요.

그래요.
나는 소중해요.
모두가 소중해요.
세상에서 소중하지 않은 건
하나도 없어요.

다 잘될 거야

나는 걱정이 너무 많아요.
여름방학 끝날 때쯤이면
키가 조금 더 자라 있을까?
어떡하면 무서운 꿈을 꾸지 않을까?
아빠랑 엄마랑 싸우면 어떡하지?
걱정이 셀 수 없이 많아요.

마법의 주문을 외워 봐요.
"다 잘될 거야. 다 잘될 거야."
그러면 절로 마음이 편안해져요.
어느 사이 걱정도
멀리 도망치고 없을걸요.

나도 속상해요

새로 산 양말,
아까워서 감춰 두었는데
샘 많은 동생이 꺼내 신었어요.

"내 양말이야!"
빼앗으려고 하니까
동생이 으앙 울음을 터뜨렸어요.
야단은 내가 다 맞았어요.

동생이 먼저 잘못했는데…
내 양말인데…
입에서 이 말이 자꾸 맴돌아요.

마음이 아프고 화가 날 때는
참지 않고 말해요.
"나도 속상해요!
내 마음도 봐 주세요!"

나 좀 도와줄래?

왼쪽 발목 깁스를 해서
혼자서 아무것도 못 하는 날
며칠 동안 친구들에게
몇 번이나 말해야 했어요.

"나 좀 도와줄래?"

혼자 씩씩한 나도 좋지만
도움이 필요해 부탁하자
친구들이 더 많이 생겼어요.
"얘들아, 고마워!"

울어도 돼

작년에는 울보였는데,
올해는 씩씩해졌어요.
그래도 눈물 날 때가 있어요.

멜론이 무지개다리를 건넌 날
새 우산을 잃어버린 날
넘어져 무릎이 깨진 날

마음이 아프고 눈물이 났지만
놀림받을까 봐 꾹 참았어요.
그런데도 삐죽 눈물이 나요.

"괜찮아. 울어도 돼."
겁쟁이들만 우는 게 아니래요.
마음이 아플 땐 울어도 된대요.
속상할 때는 어른도 울잖아요.

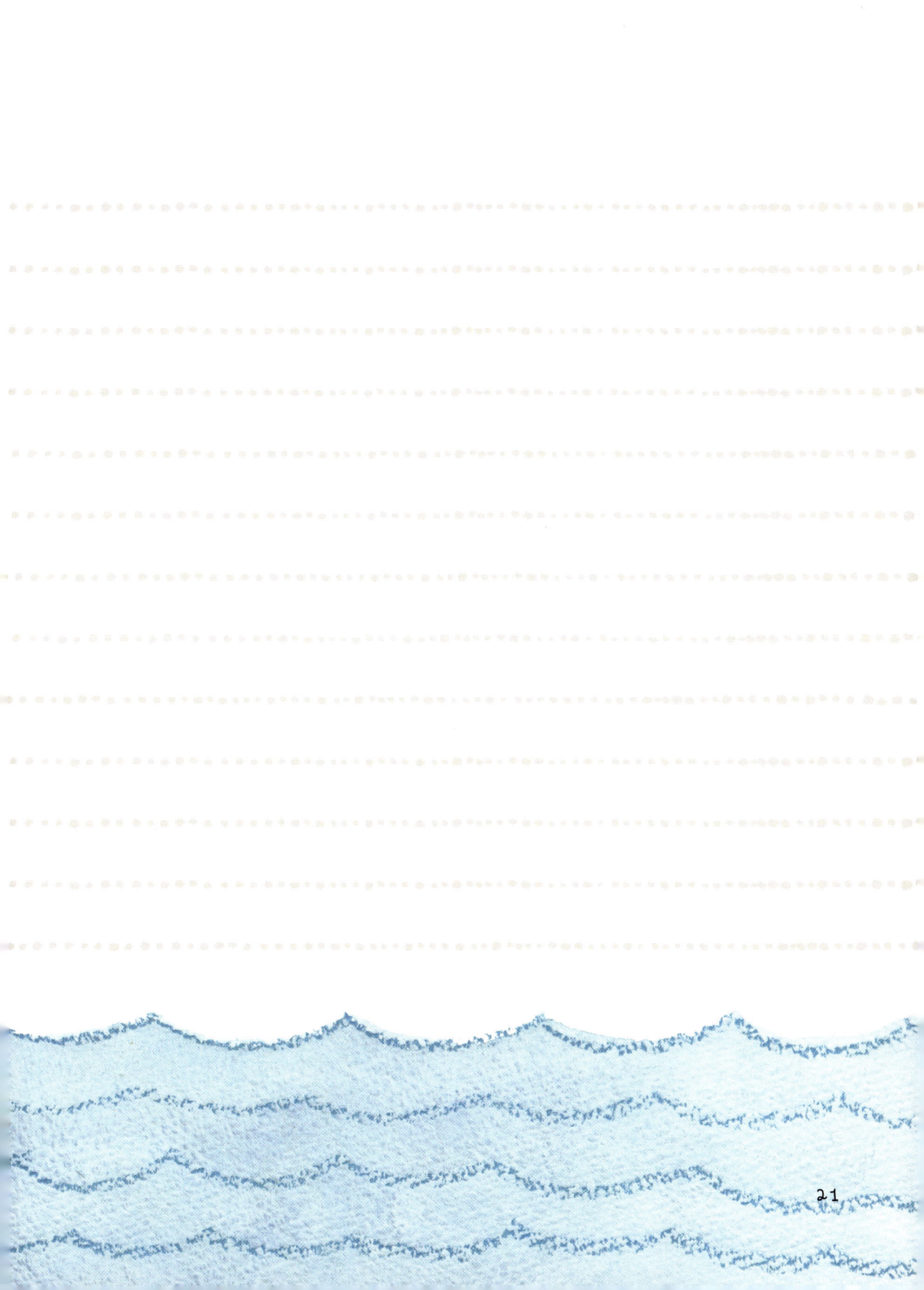

내 마음이 말해요

엄마, 준서는 힘이 세요.
무거운 것도 번쩍번쩍 들어요.

준서는 씩씩하게 인사해요.
양보도 잘하지요.
마음이 참 따뜻해요.
손만 잡아도 마음이 전해져요.

준서는 깔깔 잘 웃어요.
나도 깔깔 같이 웃어요.

엄마, 내 마음이 말해요.
소중한 친구가 생겼다고요.
준서랑 계속 놀고 싶어요.
오늘도, 내일도, 내일모레도.

내가 할 수 있어요

고사리같이 작은 손으로
무얼 할 수 있냐고요?

텃밭 가득 싱싱한 상추들,
누가 심고 키우겠어요?
힘내라고 날마다 물도 주고
달팽이도 잡아 주지요.
한 장 한 장 상추도 따요.

고사리같이 작은 손이
할 수 있는 일이
이렇게나 많아요.

나도 할 수 있어요.
내가 할 수 있어요.
어리다고 무시하지 마세요.

나를 믿어요

아직은 어리지만
아직은 서툴지만
나무가 비바람을 이겨 내고
곧고 푸르게 자라는 것처럼
나도 곧고 푸르게 자랄 거예요.
나는 나를 믿어요.

티격태격 맨날 싸우는 내 동생
밖에서는 내 손을 꼭 잡고 다녀요.
동생도 나를 믿나 봐요.

그런 말은 하지 마

가시처럼 뾰족한 말,
남 흉보는 말,
마음을 아프게 하는 말,
거짓말, 얕잡는 말,
그런 말은 하지 말아요.

말에는 마음이 들어 있어요.
"그런 나쁜 말은 하지 마.
내 마음이 몹시 아파."
나를 지키는 단단한 말,
참지 말고 해야 해요.

2부
친구를 배려하는 고운 말

괜찮아

개구리가 점프해요.
꽈당! 아차차, 실수!
벌떡 일어나 다시 점프! 점프!

실수는 누구나 해요.
개구리도, 나도, 그리고 친구도요.

"괜찮아."
"나도 괜찮아."

일부러 그런 게 아니니까
조금 아파도, 조금 기분이 언짢아도
이해할 수 있어요.

네 생각은 어때?

오늘은 뭘 하고 놀까?
"나무 꼭대기까지 누가 먼저
올라가나 내기할까?"
"오래 매달리기는 어때?"
"바나나 많이 따기는?"
딱 하나만 정하기 힘들어요.

"네 생각은 어때?"
생각이 다를 수도 있으니
친구에게 먼저 물어봐요.
뭐든 상관없어요.
서로가 하고 싶은 놀이를
번갈아 하면 되니까요.

미안해

와장창!
짝꿍 필통이 바닥에 떨어졌어요.
요란한 소리에 모두가 놀랐어요.
내 실수였지만 나도 놀라서
미안하다는 말이 쏙 들어갔어요.

세상에서 가장 소중한 내 짝꿍
많이 속상했을 거예요.
"미안해." 하고
곧바로 사과할걸.
시무룩한 짝꿍 얼굴이
자꾸 떠올라요.

내일 만나면 말해야겠어요.
"어제는 미안했어. 정말 미안해!"
짝꿍이 내 사과를 받아 줄까요?

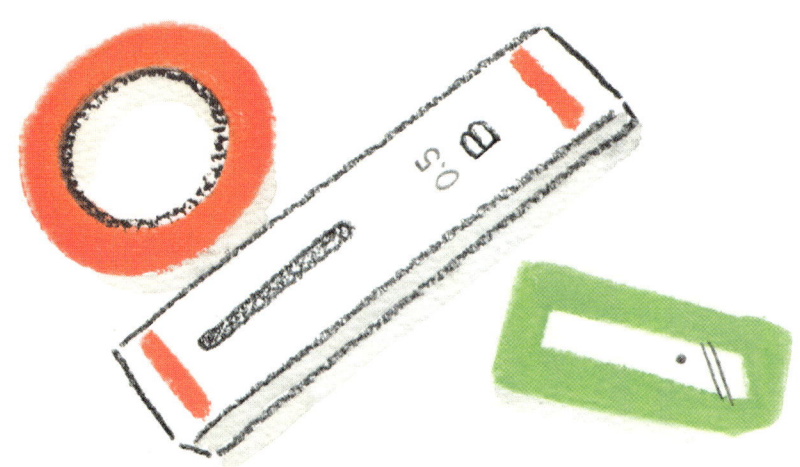

네 마음 이해해

달리기 꼴찌 한 날,
있잖아, 나 오늘 눈물 나려고 해.
알아. 네 마음 이해해.

아끼던 책이 찢어진 날,
있잖아, 나 오늘 엄청 화났어.
알아. 네 마음 이해해.

좋아한다고 고백한 날,
있잖아, 나 너무 떨려.
알아. 네 마음 이해해.

이렇게 말해 주는 친구가 있다면
정말 든든하겠지요?

나랑 같이 놀래?

천천히 떠 가는 구름을 보는 걸까요?
운동장에 아는 친구라도 있을까요?
따분해서 얼른 집에 가고 싶을까요?
왜 쉬는 시간마다 창밖만 보는 걸까요?

"나랑 같이 놀래?"
이렇게 묻자 기다렸다는 듯이
활짝 웃으며 고개를 끄덕여요.
내 말을 내내 기다렸나 봐요.

너에게 양보할게

떼쓰기 대장 내 동생
그네를 탈 때도
의자에 앉을 때도
밥을 먹을 때도
떼를 써요.

"너에게 양보할게."
번번이 그러지는 않지만
양보할 때가 더 많아요.
동생의 떼를 못 이겨서가 아니라
내 동생이라서 그래요.

기다려 줄게

농장 현장 학습 간 날
배가 살살 아파요.
친구들은 다 버스에 탔는데,
우준이가 쫓아오며 말해요.
"내가 기다려 줄게."

마음이 푹 놓여요.
똥이 얼른 안 나와도 괜찮대요.
"내가 기다려 줄게!"
꼭 기억했다가 나도 이다음에
똑같이 말해 줄래요.

연습하면 잘할 수 있어

수영을 못하는 아기 물범,
고소공포증 있는 아기 새,
엄청 큰일이죠?
그렇지만 열심히 훈련해서
수영도 하고 하늘도 날아요.

나는 체육 시간만 되면
시무룩해져요.
그런데 친구가 말해 주었어요.
"괜찮아. 너도 연습하면
잘할 수 있어."

잘하지 못해도
실망할 것 없어요.
줄넘기든 오래 매달리기든
조금씩 연습하면
점점 잘하게 되니까요.

많이 힘들지?

승주 눈이 퉁퉁 부었어요.
고양이 호야가 집을 나갔대요.
온 동네를 다 찾아다녔지만
호야를 찾지 못했어요.

"많이 힘들지?"
승주가 얼마나 슬프고
힘들지 짐작이 돼요.
그래서 손을 꼭 잡고 말했지요.
"나도 같이 찾아봐 줄게."

이렇게 해 보면 어떨까?

"야, 내가 하라는 대로 하라니까!"
목소리 큰 아이가 말하니까
다들 따라 해요.

내게 더 좋은 방법이 있는데
말해도 될까요?
"이렇게 해 보면 어떨까?"
망설이다 용기 내 말했지요.
친구들 귀가 쫑긋거려요.

꼭 한 가지 방법만 있진 않아요.
"더 나은 방법이 있을지
궁리해 보는 게 어떨까?"
함께 문제를 해결하려고 할 때
꼭 필요한 말이지요.

3부
모두에게 용기를 주는 힘센 말

포기하지 마

구구단 외우기는 정말 어려워요.
사람에 따라 헛갈리는 데가 있어요.

칠단에서 꼼짝 못 하는 재은이
칠육 사십이, 칠칠에 사십구, 칠팔에…
재은이 얼굴이 빨개졌어요.
나는 재은이에게 말해 주었어요.
"포기하지 마. 너도 금방 다 외울 수 있어."

재은이는 이제 구구단을 외우냐고요?
일단부터 구단까지 단번에 좔좔 외워요.

사랑해, 사랑해요

엄마도 우울한 날이 있대요.
아빠도 쓸쓸한 날이 있고요.
"엄마, 아빠, 사랑해요."
내가 이렇게 말해 주면
마음이 밝아지며 불끈 힘이 난대요.

심술쟁이 동생에게도,
매일 만나 같이 노는
내 친구에게도 말해 줄래요.

"사랑해."
마음이 따뜻해지는 말,
언제나 힘이 나는 말이에요.

뿌듯한 마음이 생겼지?

힘들고 어려운 일,
혼자서 해내고 싶은 일,
누구에게나 있어요.
시간이 좀 걸려도,
중간에 하기 싫은 마음이 생겨도,
조금 벅찬 일이라 해도
꾹 참고 끝까지 해내요.

"뿌듯한 마음이 생겼지?"
형이 내게 웃으며 물었어요.
며칠 뒤에는 내가 똑같은 말을
동생에게 해 주었어요.
"마음이 뿌듯하지?"
힘든 일을 바르게 해냈을 때
서로 주고받는 말이에요.

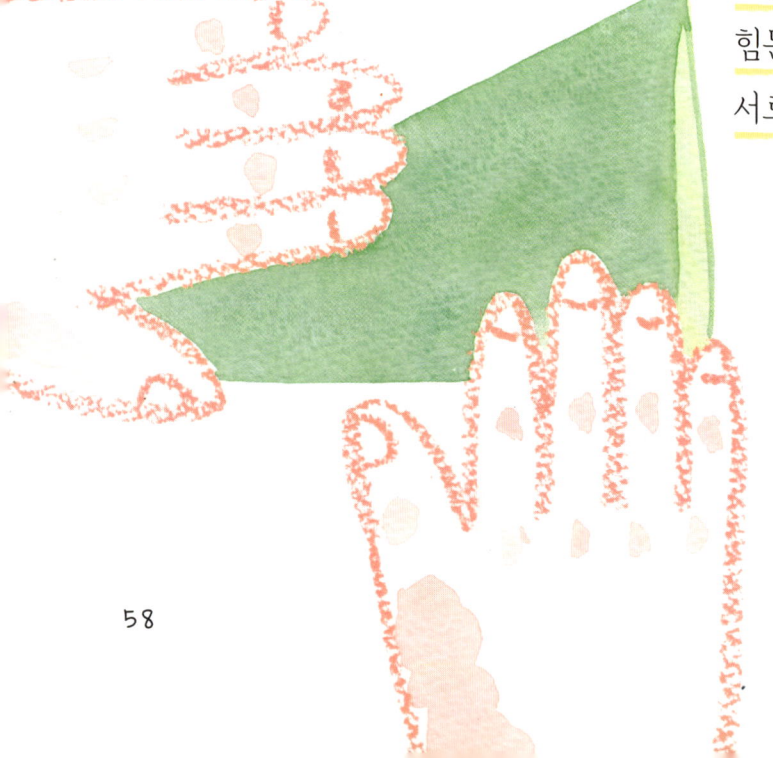

내가 함께 있을게

나 혼자 외톨이라고 느낄 때
어쩐지 아무것도 하기 싫다 느낄 때
어깨동무해 주는 내 친구
힘내자고 속삭여 주는 내 친구

"내가 언제나 함께 있을게."
말해 주는 내 친구
그런 친구가 있어서
새 힘이 돋아요.

나도 그런 친구가 될 거예요.

실망하지 마

아침에 우산을 들고 나왔는데
해가 쨍쨍 난다고요?
그러면 우산을 양산으로
쓰면 되지요!
실망하거나 짜증 낼 일이 아니에요.

쉬운 문제를 틀렸다며
울상인 내 친구
무슨 말을 해 줄까요?
"지금도 충분히 잘했어."

다 완벽할 순 없어요.
그러니까 기죽을 것 없고
실망할 일도 없어요.

고마워

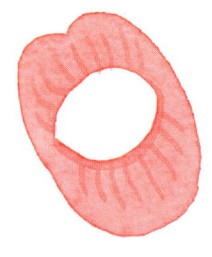

"고마워!"
말에서 따뜻한 마음이
도란도란 피어나요.

맑고 밝은 하늘에,
예쁘게 핀 꽃에,
웃으며 반기는 옆집 동생에게
온 마음으로 말해요.
"고마워!"

예쁜 풀꽃 반지를 선물했더니
엄마가 뽀뽀해 주며 말해요.
"고마워!"

고마워, 고마워,
언제 들어도, 언제 말해도
참 따듯하고 정다운 말이에요.

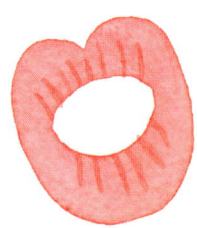

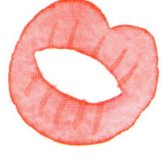

넌 멋진 사람이 될 거야

"저는 공룡박사가 될 거예요."
석재는 역시 엉뚱해요.
가장 좋아하는 것이 공룡이니까
유명한 공룡박사가 되겠다고
큰소리쳐요.

선생님도, 친구들도 모두
기대를 담아 말해요.
"넌 멋진 사람이 될 거야."

다른 아이들도 앞다투어 말해요.
"저는 나무를 연구할 거예요."
"저는 물고기에 관심이 있어요."
모두에게 기대를 담아 말해요.
"넌 멋진 사람이 될 거야."

넌 충분히 훌륭해

우리 집 강아지 카푸
내가 가르친 것을 하나도
까먹지 않고 다 잘해요.
"멋지다, 카푸!"

큰일 아니지만
나도 매일 칭찬을 받아요.
밥을 맛있게 먹는 것도,
혼자 씻는 것도,
학교에 다녀오는 것도
엄마는 훌륭하다 말해요.

엄마 말, 맞는 거지요?

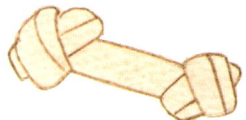

우리가 함께여서 행복해

아무도 없는 저녁 개울가
졸졸졸   흐르는 개울물 소리

호기심 가득한 눈빛의 너와 나
그리고 우리

조금만 더 있으면
반짝반짝 반딧불이들을
보게 될 거예요.

함께여서 더 행복한 시간,
어른이 될 때까지도 반짝반짝
기억에 남을 풍경이에요.

나는 네 편이야

길고양이들이 다투는 걸 보았어요.
덩치 큰 고양이가 이길 것 같은데
작은 고양이도 만만치 않아요.
나는 작은 고양이를 응원했어요.

"쉭, 저리 가!"
발을 굴러 큰 고양이를 쫓았어요.
그리고 작은 고양이에게 말했지요.
"나는 네 편이야."

나는 다음에 또 마주쳐도
작은 고양이 편일 거예요.

4부
생각이 싹트는
소중한 말

틀린 게 아니라 다른 거야

"나는 수박이 가장 좋아."
"나는 복숭아가 좋아."
"나는 달콤한 바나나가 좋아."
"땡땡! 다 틀렸어. 사과가 가장 맛있어!"

수박, 복숭아, 바나나가
틀린 걸까요?

이럴 때는 틀렸다고 할 게 아니라
다르다고 해야 해요.
좋아하는 과일이 모두
같을 수는 없어요.

좋은 생각이야

이렇게 하는 게 좋을까?
저렇게 하는 게 좋을까?
어려운 일이 닥치면 머리를 맞대요.
여럿이 머리를 맞대면
좋은 방법이 많이 떠오르지요.

"좋은 생각이야."
"네 생각이 더 대단해."
서로 응원하며 방법을 찾으면
어떤 문제라도 해결 할 수 있어요.

다 같이 힘을 모아 보자

연둣빛 애벌레,
나무에서 떨어졌나?

왕개미가 달려와 물고 가려고 해요.
"어쩌지?"

"우리가 힘을 모아서 구해 주자."
나는 나뭇가지로 울타리를 만들고,
동주는 작은 돌멩이로 개미가
빙 돌아가도록 길을 만들었어요.

"앗, 참새에게 잡아먹히면 어쩌지?"
준서가 외쳤어요.
그러곤 두 팔을 벌리고 경비를 섰어요.

집으로 돌아와서도 생각이 나요.
우리가 살려 낸 연둣빛 애벌레.

세상 모든 게 궁금해요

세상에는 신기한 일이 참 많아요.
"꽃은 어떻게 피어나는 걸까?"
"얼굴은 왜 모두 다를까?"
"로봇이랑 친구가 될 수 있을까?"
"마음이 보이는 안경은 없을까?"
세상 모든 게 궁금해요.

이런 궁금 씨앗이
무럭무럭 자라
어떤 일을 해낼지
궁금하지 않아요?

똑같이 나누니까 좋아요

투덜투덜 불평이 없으려면
사이좋게 나누는 마음이
꼭 필요해요.

달콤한 초콜릿이랑
콩사탕이랑 땅콩도
똑같이 나누지요.

하나씩 하나씩,
둘씩 둘씩,
똑같이 나누니까 좋아요.
다투지 않으니까 좋아요.

나는 형이니까,
나는 동생이니까,
따지다 보면 끝이 없지요.

다 잘할 수는 없어요

달리기를 못해도
발표를 못해도
기죽을 것 없어요.

"다 잘할 수는 없어."

선생님이라도, 엄마, 아빠라도
다 잘할 수는 없어요.
잘하는 것도 있고 못하는 것도 있어요.
내가 잘할 수 있는 일을 찾아봐요.

다른 방법을 찾아볼까?

민아네 집까지 가는 길은
한 가지 길만 있는 게 아니에요.
열 가지도 생각해 낼 수 있는걸요.

모둠을 나눌 때도 그래요.
친한 친구끼리,
여자끼리, 남자끼리 나누면
외톨이로 빠지는 친구가 생겨요.

"다른 방법을 찾아볼까?
찬찬히 궁리해 보면
멋진 방법이 떠오를 거야."

가끔은 새로운 방법이
필요할 때가 있어요.

약속은 꼭 지키자

지구가 아프다니까
내 마음도 많이 아파요.

지구 지킴이가 되려면
물도 아껴 쓰고,
일회용품도 덜 쓰고,
목욕 비누랑 샴푸도
알맞게 써야 한대요.
쓰레기를 함부로
버리는 건 절대 안 되고요.

지켜야 할 약속만
열 손가락에 꽉 차요.

"약속은 꼭 지키자."
나부터, 우리 가족부터
지키다 보면
모두가 실천하게 되지요.

내 사랑을 나눠 줄게

시든 풀이 비를 맞고
어깨를 쭉 펴요.
사랑도 가뭄 때의 비와 같아요.
사랑을 받으면 어깨가
쭉 펴지니까요.

지구 위 모든 살아 있는 것들을 향해
사랑이 날마다 부어져 내려요.
단번에 알아차리게 하는
사랑이 있는가 하면
속 깊은 사랑이 있어요.

세상은 공평해요

도영이는 재미있는 말을 잘하고
우주는 축구를 잘해요.
영우는 피아노를 잘 친대요.

"너는 뭘 잘해?"
얼른 생각이 안 났는데
생각해 보니 잘하는 게 있어요.
퍼즐 맞추기를 잘하고요,
정리 정돈도 잘해요.

공평하게
누구나 잘하는 게 있어요.
세상도 더 공평하면 좋겠죠?

오늘 나에게 꼭 필요한 말, 어떤 말이 있을까요?

마음이 자랄 때 꼭 필요한 말
토닥토닥 따듯한 말 따라 쓰는 힘센 말

초판 1쇄 인쇄 2025년 10월 14일 | **초판 1쇄 발행** 2025년 10월 20일 | **글** 이상교 | **그림** 김혜원 | **펴낸이** 한순 이희섭
펴낸곳 (주)도서출판 나무생각 | **편집** 양미애 백모란 | **디자인** 박민선 | **마케팅** 이재석
출판등록 1999년 8월 19일 제1999-000112호 | **주소** 서울특별시 마포구 월드컵로 70-4(서교동) 1F
전화 02)334-3339, 3308 | **팩스** 02)334-3318 | **이메일** book@namubook.co.kr
홈페이지 www.namubook.co.kr | **블로그** blog.naver.com/tree3339 | **ISBN** 979-11-6218-367-0 77810

*값은 뒤표지에 있습니다. 잘못된 책은 바꿔 드립니다.
*종이에 베이거나 긁히지 않도록 조심하세요.
*책 모서리가 날카로우니 던지거나 떨어뜨리지 마세요. (사용연령: 8세 이상)
*KC마크는 이 제품이 공통안전기준에 적합하였음을 의미합니다.